MONOGRAPHIE

DE

MAISONS-LAFFITTE

PAR

Georges DARNEY

Le château de Maisons

MAISONS-LAFFITTE
IMPRIMERIE CH. LÉPICE
8-10, RUE DES COTES

MONOGRAPHIES DÉJA PARUES

HOTELS : Continental, Terminus, de l'Athénée, de Bade, du Louvre, de Hollande, de Lille et Albion, de Russie.

CAFÉS : de la Porte-Montmartre, des Variétés, Grand Café, Riche.

BRASSERIES : Georges, Pousset.

RESTAURANT : Pavillon Henri IV, à Saint-Germain.

VILLES : de Compiègne, Meaux.

Pour paraître prochainement : **La ville de Sens.**

MONOGRAPHIE

DE

MAISONS-LAFFITTE

PAR

Georges DARNEY

ORIGINE DE MAISONS-LAFFITTE

AU commencement, dirait la *Bible*, il n'y avait rien. Aussi devons-nous franchir le nombre inconnu d'années qui s'écoulèrent entre la création du monde et l'époque où les Romains, conduits par César, envahirent la Gaule couverte, alors, de forêts immenses dont celle de Saint-Germain n'était pas la moindre. Le général romain fit camper ses troupes sur la rive gauche de la Seine, qu'il considérait comme une fortification naturelle et comme une voie stratégique. Non loin de ce camp s'élevèrent bientôt quelques constructions légères, une sorte de hameau qui fut dénommé Mansionis, de Mansio, mot latin qui signifie demeure. L'origine de Maisons remonte donc à 58-50 avant Jésus-Christ. Lorsque, sous Clovis ou Clhodowigt, les Burgundes, les Wisigoths et les Francs chassèrent les Romains, ces constructions furent aussitôt occupées par des nomades, des pêcheurs attirés par le fleuve et des bûcherons tentés par le voisinage de la forêt. Ceux-ci ne tardèrent pas à se partager les terrains environnants. Mais avec les années l'égalité de possession disparut. Des contestations naquirent. Alors, l'esprit de discipline que tout homme porte en soi, ce besoin inné de se soumettre à un règlement, à une loi qui assure à chacun la jouissance du produit de ses peines, de ses travaux, amenèrent les habitants de Mansionis — les Mansioniens — à choisir entre eux une sorte de chef ou de juge pour trancher les différends. Leur choix se porta, dit-on, sur un nommé Jehan Lovère qui, naturellement, prit le titre de *seigneur.*

Peu après cette époque, les Bénédictins construisirent un monastère dont la vieille église était la chapelle. C'est dans cette chapelle que se produisit un miracle dont tous les historiens de Maisons parlent d'après Dom Calmet.

En 1375, le prieuré de Maisons était composé de 20 moines. Parmi les religieux, il en était un qui avait perdu, depuis sa plus tendre enfance, l'usage de la parole. Lorsque son tour de dire l'antienne était venu, ce religieux la disait mentalement. Un dimanche, à vêpres, son tour étant arrivé, il entonna d'une voix forte et vibrante. Grand fut, on le comprend, l'étonnement des autres religieux qui, au mépris des règles de l'ordre, suspendirent l'office, quittèrent leurs places et l'entourèrent en le félicitant. « Mes frères, leur dit-il, je dois ce bienfait à la miséricordieuse bonté de Dieu, mais aussi à l'intercession du bienheureux patron de notre saint monastère !

Le fait eut du retentissement, et pendant longtemps des pèlerins vinrent adorer les reliques de saint Germain, évêque de Paris.

Ce premier monastère fut détruit vers 1425, pendant la guerre de Cent Ans. Mais il fut reconstruit à quelque distance de la *vieille église*, vers la *rue du Mesnil,* où d'ailleurs l'on peut voir encore une construction du quatorzième siècle flanquée de deux tours. Comme tous les ordres religieux, les Bénédictins ont été supprimés par la Constituante de 1789 et le monastère, devenu bien national, fut vendu. Aujourd'hui, c'est une propriété particulière.

Les premiers seigneurs

L'existence d'un couvent sur le territoire de Maisons, qu'on appelait alors Mansion, de Mansionis, amena la séparation du hameau de Sartrouville et son érection en seigneurie. De 761, année de la mort de Jehan Lovère, jusqu'en 1087, on ignore les noms de ses successeurs. En 1087, c'était Geoffroy Nivard, que quelques historiens font descendre de Lovère, sans en donner la preuve. Quoi qu'il en soit, il existe une pièce régulière qui établit la seigneurie de Nivard mort en Palestine. Plus heureux, son fils, qui l'avait suivi dans la première croisade, revint à Maisons, s'y maria, eut une fille qui épousa Robert de Pexe. La seigneurie passa dans les mains de ce dernier, qui mourut en 1225, sans enfants. Son frère Philippe Robert lui succéda et se fit tuer dans une rencontre. Son fils Philippe, son héritier, se maria à Anne de Berthemond et mourut sans autre héritier que son neveu par alliance, Jean de Berthemond, qui resta célibataire et se fit tuer à la bataille de Crécy en 1346.

Pendant un certain temps, la seigneurie de Maisons n'a point de titulaire. Mais le roi Jean-le-Bon revient en France après sa captivité et, voulant reconnaître la bravoure et le dévouement du chevalier Aunay, seigneur de Poissy, lui donne cette seigneurie. Un peu plus tard, en 1390, Jean de Longueil, originaire de Normandie, achetait au seigneur de Gaucourt ses propriétés de Maisons et prenait, lui aussi, le titre de seigneur, bien qu'il n'y eût aucun droit. Car il est au moins présumable que le roi de France n'a pas voulu récompenser le chevalier Aunay en lui donnant seulement d'autres biens, mais surtout un autre titre. Mais, depuis Jean-le-Bon, Charles V avait régné et Charles VI était devenu dément. Bref, il est à croire qu'aucune difficulté ne surgit entre les deux seigneurs de Maisons, puisque cette co-propriété de titre subsista jusqu'en 1585, époque à laquelle le sire de Marcilly, qui avait épousé une petite nièce du chevalier Aunay, vendit la seigneurie de Maisons à Jean de Longueil, conseiller du roi en ses conseils.

C'est donc en 1390 que nous avons vu apparaître le premier des Longueil. Ses descendants se succéderont pendant près de quatre siècles, et, en certaines circonstances, on ne les désignera plus que sous le nom de Monsieur de Maisons. Mais, dans notre énumération des seigneurs, nous commencerons par le sixième descendant de Jean de Longueil, René de Longueil, qui fit édifier le château actuel. Né en 1594, il devint président à mortier à la suite de ses complaisances pour Richelieu, qui disait en parlant de lui-même : « Je coupe tout, je tranche tout et j'étends sur tout ma robe rouge. » Si, en mourant, Richelieu recommanda Mazarin à Louis XIII, il est à présumer que l'Eminence rouge, qui, selon l'expression de Victor Hugo, « ouvrit la porte à Robespierre » recommanda à l'Eminence grise celui qui avait été son magistrat favori, car la fortune de René de Longueil ne fit que croître. Certains auteurs prétendent qu'en 1643, après avoir acheté, sans lésinerie, les morceaux de terres enclavés dans sa seigneurie de Maisons, il chargea Mansard, le célèbre architecte, de lui construire un château. Mais, à propos de ces terrains, Tallemant des Réaux raconte une anecdote qui ne tire pas à conséquence et qui, néanmoins, est fort plaisante. « Quand il — René de Longueil — fit clôturer ce grand parc à Maisons, il le fit à la manière du bonhomme d'Angoulême; il enferma les terres du tiers et du quart; il est vrai que ce ne sont pas trop bonnes terres; et, pour les apaiser, il leur promit à chacun une clef qu'il est encore à leur donner. » Ce n'est peut-être là qu'une boutade de l'amusant chroniqueur. Mais, si l'on songe à la situation qu'occupait René de Longueil, aux influences dont il pouvait disposer, on n'est pas éloigné d'accorder à cette anecdote un caractère de vraisemblance.

Marié, en 1623, à Madeleine de Boulanc, il devint veuf 13 ans après. Des pourparlers de mariage que raconte Tallemant des Réaux n'aboutirent pas. Il resta veuf et mourut à 80 ans.

Ce fut son fils Jean qui lui succéda dans tous ses biens et dans sa charge. Celui-ci épousa Louise de Fieules et en eut deux fils, dont l'un, l'aîné, mourut jeune, et deux filles qui entrèrent en religion. On peut affirmer que Jean fut en toutes choses le digne successeur de son père. On pouvait, dit Tallemant des Réaux, tout obtenir de lui en remettant un peu d'argent à une dame Bailly qui était sa maîtresse. « Jean de Longueil semble avoir eu pour le sexe faible une prédilection marquée. Un autre chroniqueur dit que, non loin de la terrasse du château, le président à mortier de Longueil avait fait planter *six ifs* qui formaient un bosquet. Sous couleur de respirer l'air pur du soir, il aimait à y conduire les dames après dîner. Et quand ils arrivaient, il disait à la dame : Voici, madame, l'endroit *décisif* ! »

Peut être n'était-ce que pour commettre cet affreux à peu près.

Claude de Longueil, fils du précédent, perdit son père en 1705. Devenu marquis de Maisons et président à mortier, il se fit bientôt remarquer par son luxe de grand seigneur. Veuf, il obtint la main d'une belle-sœur du maréchal de Villars. Son existence n'eut rien de bien particulier, si ce n'est une intrigue dans laquelle il montra la duplicité de son caractère. Le marquis de Longueil avait, dit-on, reçu du roi un testament dans lequel Louis XIV reconnaissait comme princes du sang les deux enfants que lui avait donnés Mme de Montespan. En possession de ce secret d'Etat qui pouvait amener des changements dans la succession au trône, M. de Longueil chercha à en tirer parti. Tout d'abord, il le révéla à plusieurs personnes de l'intimité du duc d'Orléans, neveu du roi, à Saint-Simon, entre autres, qui raconte le fait, et leur proposa d'anéantir le fameux testament. Saint-Simon fit observer au président Longueil qu'il lui paraissait impossible de corrompre le procureur général qui était, lui aussi, au courant des dispositions testamentaires de Louis XIV. M. de Longueil s'adressa au duc d'Orléans, qui le reçut fort mal. Le duc était, en effet, convaincu que le Parlement ne ratifierait pas les volontés du roi. Très désappointé et cependant toujours mû par son insatiable ambition, prêt à toutes les compromissions pour la satisfaire, M. de Longueil se retourna vers le duc du Maine, l'aîné des fils de Louis XIV et de Mlle de Montespan. Le marquis de Maisons serait peut-être parvenu à ses fins si, tout à coup, la maladie ne l'avait atteint. Il mourut en 1715, quelques mois avant Louis XIV.

Jean René de Longueil, qui devint plus tard l'ami de Voltaire, avait quinze ans à la mort de son père. Sa mère employa aussitôt l'influence de son beau-frère le maréchal de Villars pour faire assurer à son fils la survivance de la charge de son mari. Cette survivance fut accordée par Louis XIV mourant au jeune de Longueil, qui, « à douze ans, dit Saint-Simon, expliquait les « poètes latins. Forcé de se mettre à l'étude de la juris« prudence, il y acquit, en peu de temps, de telles con« naissances et son mérite devint si notoire que, par « grâce singulière, il eut à l'âge de dix-huit ans voix « et séance à la place du président, où il obtint une « considération qui l'accompagna dans toute sa car« rière. » D'un grand esprit, d'intelligence supérieure, d'une rare modestie, le marquis de Longueil éprouvait une certaine répugnance pour la vie frivole des cours et ne se plaisait que dans son château de Maisons, employant les loisirs de sa charge à des études scientifiques qu'il poursuivait sans cesse dans le laboratoire de chimie et de physique qu'il s'était fait installer. En 1726, M. de Maisons fut nommé membre honoraire de l'Académie des sciences, et, en 1729, le roi lui décerna le titre de président de cette même Académie pour l'année suivante. En 1731, Jean René de Longueil, marquis de Maisons, fut atteint de la petite vérole et emporté en quelques jours. Il avait 31 ans.

Mort sans héritiers directs et intestat, la fortune de celui de tous les Longueil qui fut réellement un homme de bien passa dans la branche cadette de sa famille, représentée par la marquise de Belleforière. Mais celle-ci, déjà âgée, ne tarda pas à s'éteindre et ce fut son petit fils, le marquis de Soyecourt qui recueillit sa succession.

Débauché, le marquis de Soyecourt chercha aussitôt le moyen de tirer parti de cette fortune inespérée. Ruiné, forcé de recourir à des expédients pour faire face aux besoins de sa vie de plaisirs, le château de Maisons venait à point pour lui offrir des ressources immédiates. Les objets d'art, les meubles, d'abord, puis les arbres du parc, il fit argent de tout. Il alla, dit-on, jusqu'à inspirer aux maîtresses du roi l'envie du château de Maisons. Mais n'ayant pas réussi à faire commettre au roi cette nouvelle folie, il continua ses recherches et finit par trouver dans le comte d'Artois, un acquéreur sérieux. L'acte fut passé le 25 février 1777, en l'étude de M. Pot.

A sa prise de possession, le comte d'Artois donna les ordres nécessaires pour la restauration du château et pour réparer, dans l'ameublement et les décorations, les vides causés par les trop nombreux besoins du marquis de Soyecourt. Le parc fut également reboisé. Mais 1777 était bien près de 1789. Déclaré suspect par l'Assemblée, le comte d'Artois, malgré la surveillance dont il était l'objet et grâce aux souterrains, trouva le moyen de s'enfuir et de passer à l'étranger. Ce frère de Louis XVI, celui qui devait être Charles X, fut un des premiers émigrés ! Quel triste exemple, parti de haut, pour ceux qui sont en bas. Abandonner son pays pour se conserver de prétendues prérogatives de famille, et fuir le danger quand l'honneur commande d'y faire face !... Lorsque la fuite du comte d'Artois fut constatée, le maire de Maisons reçut l'ordre d'apposer les scellés et le château fut déclaré : Propriété nationale.

Comme tous les biens nationaux, le château et ses dépendances furent mis en régie. La nation choisit le nommé Chéron, l'appointa, à charge par lui de faire face à certaines obligations. Mais si réduits que fussent les frais, ils étaient encore supérieurs aux recettes. L'État, s'apercevant qu'il faisait une mauvaise affaire, décida la mise en vente du domaine. Plusieurs tentatives d'adjudication restèrent infructueuses Un acquéreur se présenta enfin. C'était le citoyen Lanchère, un entrepreneur de fournitures militaires. Le domaine lui fut adjugé pour la somme de 853,853 livres. Lanchère, qui n'avait entrevu dans cette acquisition qu'une spéculation heureuse, fut obligé de le remettre en vente, les temps meilleurs qu'il espérait se faisant trop attendre.

Ce n'est qu'en 1804 que le maréchal Lannes en devint le propriétaire pour la somme de 400,000 francs. Le duc de Montebello fit faire les réparations nécessaires et le château de Maisons recommença d'abriter l'élite de la société. Le maréchal aimant beaucoup l'agriculture fit exploiter son domaine, l'améliora et fut le premier qui en tira de fort beaux revenus. Mais en 1809, à Essling, le maréchal Lannes fut blessé mortellement. La duchesse, inconsolable de la mort de son mari, continua d'habiter le château. L'invasion survint et aussi le dernier soupir du premier Empire. La maréchale se retira complètement du monde et vendit le domaine au banquier Jacques Laffitte.

Pendant les premières années de sa possession, le banquier Laffitte n'apporta aucun changement, aucune modification dans l'étendue du domaine de Maisons. Mais ses libéralités en faveur du parti dont il était un des principaux membres, le rôle même qu'il joua dans la politique ne furent pas étrangers à la révolution de 1830, qui porta un coup funeste à sa fortune. Presque ruiné, il lui fallut recourir à ce que nous serions tenté d'appeler des expédients. Et n'en est-ce pas que de distraire d'une œuvre d'art comme le château de Maisons telles ou telles parties pour en faire de l'argent ? Après avoir vendu, morceau par morceau, les splendides écuries du château, il vendit les rampes de fer qui montaient de la Seine, puis les tapisseries données par Anne d'Autriche et enfin les grilles, les tableaux, les statues... En 1833, l'idée lui vint de morceler le parc et de créer la colonie de Maisons. Il se réserva de splendides jardins et, fictivement, vendit le reste à son frère J.-B. Laffitte, en lui donnant l'ordre de morceler les terrains... Cette *belle* opération terminée, la mort vint le surprendre en 1844. Son frère continua de résider au château, où il ne tarda pas à succomber lui-même, Son fils Charles mit la propriété en vente. Elle fut adjugée à M. Thomas. Celui-ci mourut en 1874 et eut pour successeur M. Grommé, négociant russe, propriétaire actuel.

Le château de Maisons

L'entrée principale du domaine consistait en une grille monumentale surmontée des armes des Longueil : *D'azur à trois roses d'argent, au chef d'or, chargé de trois roses de gueule.* Cette grille était placée au commencement de ce qui est aujourd'hui l'avenue Eglé. Cette avenue se poursuivait autrefois jusqu'au Mesnil. De chaque côté de la grille un corps de bâtiment où on logeait les gardes. En suivant une avenue, immédiatement à droite et parallèle à la rue de Paris actuelle, on arrivait, après un détour à gauche, devant le château, dont la façade et l'entrée principales sont tournées vers la Seine. C'est, en effet, en le regardant de ce côté que l'on retrouve, en son ensemble, la façon de faire de Mansard. La rectitude de ses lignes architecturales, ses toits, ses cheminées Louis XIII, sa coupole, son campanile, ses belvédères, tout concourt à lui donner un aspect imposant et gracieux à la fois. La façade principale est ornée de colonnes de styles ionique et dorique, au-dessus s'élèvent d'autres colonnes d'ordre attique. Son milieu forme un double avant-corps et ses côtés sont occupés par deux pavillons carrés qui conduisent à une terrasse soutenue par des colonnes de style dorique. La seconde façade, celle qui se voit de l'avenue Eglé, n'a point l'importance de la précédente ; elle en diffère en ce que les deux pavillons carrés forment des corps avancés. Extérieurement, toutes les fenêtres sont très finement sculptées et la porte d'entrée du vestibule est un chef-d'œuvre du sculpteur Philippe Buyster.

Ce vestibule, qui traverse le bâtiment, a une entrée sur chaque façade. Ces entrées étaient fermées par deux grilles qui sont maintenant au Louvre, après avoir été vendues par M. Laffitte. Autrefois, les murs étaient décorés par quatre bas-reliefs, œuvres de Gilles Guérin, qui furent vendues par M. Thomas. Le célèbre banquier n'est pas le seul à avoir tiré profit des œuvres d'art que renfermait le château. Un M. Thomas qui en fut le propriétaire fit argent, lui aussi, de bas-reliefs qui ornaient les murs du vestibule et des piédestaux surmontés de groupes d'enfants qui étaient placés aux quatre angles... Aujourd'hui ce vestibule est orné de colonnes, de pilastres et de bas-reliefs représentant Jupiter, Junon, Neptune et Cérès... A gauche, dans le vestibule, sont les deux salles à manger. Celle d'hiver n'a de remarquable que l'exécution de deux personnages, Mercure et Pluton, d'un grand tableau : *la Descente d'Orphée aux enfers.* Ce tableau est signé Le Boullenger de Boisfremont et porte la date de 1808. A remarquer aussi un petit tableau représentant *Saint Germain excommuniant Caribert en 565.* La salle à manger d'été est spacieuse ; ses parois sont de pierre et sculptées d'oiseaux, de fleurs et d'amours. Quatre statues : *Erigone,* par Clodion ; *Pomone,* par Houdon ; *Flore,* par Foucou, et *Vertumne,* par Boizot, concourent à sa décoration. Des figures d'enfants enguirlandés de fleurs constituent les motifs dont Gilles Guérin a décoré la cheminée, un pur chef-d'œuvre... A droite, une bibliothèque précède un grand salon dans lequel on remarque une cheminée monumentale avec, au dessus, un bas-relief en marbre représentant *le Triomphe de Condé.* Cette œuvre où sont reproduites les armes de Rocroi est, croit-on, de Puget. Dans l'appartement dont ce salon fait partie, près de la chambre à coucher, se trouve un boudoir de forme ronde, parqueté d'une marqueterie faite de bois, de marbre, de plomb et d'ivoire. Le plafond, peint par Mignard, représente mademoiselle de La Vallière en Vénus, en Diane, en Minerve et en Vesta. La favorite de Louis XIV occupa, en effet, cet appartement situé au-dessous de celui du roi... Avant d'arriver à l'escalier d'honneur, il faut passer dans la seconde partie du vestibule où est située, plus grande que nature, la statue du chevalier Renaud, sculptée par Dieudonné en 1834. Quant à l'escalier, c'est tout simplement une merveille d'architecture. Les degrés sont en pierre, la rampe en pierre découpée, les murs sont en pierre polie jusqu'au premier étage, où des groupes d'enfants se jouent dans la corniche, encadrant ainsi la paroi dont les angles sont occupés par quatre médaillons représentant Anne d'Autriche, Marie Thérèse, René de Longueil et sa femme. Cet escalier d'honneur, qui reçoit sa lumière d'en haut par un lanternon, s'arrête au premier étage où s'ouvrent, à gauche, l'appartement du roi ; à droite, celui de la reine. Ces appartements, en effet, étaient toujours destinés aux souverains. Toutes les pièces occupées par la reine étaient décorées de fresques et de sculptures, dont le puritanisme exagéré de Mme Thomas s'offusqua au point d'exiger qu'elles fussent recouvertes de papier peint!... L'appartement du roi est précédé d'une salle dite *des gardes*, qui servait aux fêtes et aux représentations théâtrales.

De précieuses tapisseries données par Marie-Thérèse à Jean de Longueil, son chancelier, décoraient cette salle, qui prend son jour par six fenêtres ; mais Laffitte en a fait de l'argent. Tout d'abord, le banquier les remplaça par des glaces, puis, sur les conseils de son architecte, il les fit retirer pour y placer des panneaux. Trois d'entre eux ne sont pas sans valeur. Quant aux autres, signés Bidault, que Girard Saint-Fargeau, dans son Dictionnaire, qualifie de chefs-d'œuvre, nous nous contenterons de les signaler. Au dessus de la cheminée dont la plaque en fonte du foyer représente les armes des Longueil, on voit la copie du portrait en pied de Louis XIV, par Hyacinthe Rigaud. Deux grandes figures de nymphes accompagnées d'enfants, sculptées par Gilles Guérin, encadrent le portrait du Roi Soleil. De cette salle on pénètre dans la chambre du roi, qui n'a rien de particulier, si ce n'est que, par elle, on arrive, en passant par une pièce ornée de cariatides et d'un dôme, à un cabinet situé au dessus du boudoir de Mlle de la Vallière. Ce cabinet fut, dit-on un des oratoires — car elle en avait plusieurs — de Mme Thomas. C'est assez dire que les peintures ont été voilées, à l'aide du papier peint, et dérobées ainsi aux chastes regards de la pudique bonne femme... Le second étage comprend un grand nombre de chambres, dont deux seulement nous intéressent, celle de Voltaire, ornée d'un tableau représentant Jupiter, apparaissant à Danaé sous la forme d'une pluie d'or, et celle de La Fayette, sans décoration actuelle du moins. Mais toutes les deux jouissant d'une vue splendide.

Nous ne dirons rien du sous-sol, ni des deux étages de souterrains à l'usage de caves, égouts, etc., qui se trouvent sous le château. Leur description nous entraînerait trop loin. Toutefois, nous ne devons pas oublier que les souterrains, par leur étendue, leurs ramifications, servirent à la fuite du futur Charles X, du comte d'Artois...

Les hôtes du château

Avant d'énumérer les hôtes du château de Maisons, nous devons, nous semble-t-il, remonter un peu plus haut dans le passé et mentionner, d'après le Dictionnaire de Girault Saint-Fargeau, la possession par Diane de Poitiers, duchesse de Valentinois, d'une petite habitation des champs au village de Maisons. Où était-elle située? De quelle importance était-elle? C'est ce que ne dit pas l'auteur auquel nous empruntons ce renseignement. Il paraît cependant établi que c'est à Maisons que celle qui devait être la maîtresse d'Henri II vint passer les mois qui suivirent la mort de son mari.

C'est en 1649, avons-nous dit, que le château

construit par Mansard fut en état d'être habité. Il le fut effectivement par J. de Longueil. Mais en 1651, la cour tout entière, pour la première fois, vient s'installer pour quelques jours chez M. de Maisons qui l'avait déjà reçu la veille à Versailles. On était alors sous la régence et nous avons dit également que M. de Longueil était tenu en haute estime par le cardinal Mazarin. Cette considération toute particulière provenait des services rendues par le magistrat à celui qui gouvernait la France. Aussi Mazarin était-il l'hôte assidu du château de Maisons. Dans ses mémoires sur Anne d'Autriche, Mme de Motteville raconte un complot dont le but était d'assassiner Mazarin.

« Le duc de Beaufort, dit-elle, fut accusé d'avoir voulu faire assassiner le cardinal Mazarin, et la reine fut persuadée que, par deux fois, il avait pensé l'exécuter; mais d'autres m'ont assuré qu'il voulait seulement lui faire peur. J'ai ouï-dire aussi qu'il y avait quelque vérité dans cette accusation.

« Des gens dignes de foi, et peu affectionnés au cardinal, m'ont avoué qu'un jour, comme il voulait aller dîner à Maisons, il y avait eu des soldats affidés, qui devaient s'en défaire sur le chemin; que le duc d'Orléans, étant arrivé par hasard comme il (Mazarin) allait monter en carrosse, voulut se mettre de la partie; et que sa présence avait empêché ce dessein.

Quoi qu'il en soit, il est certain que Mazarin combla M. de Maisons. Il lui donna la charge de surintendant des finances, mais M. de Longueil ne la conserva que fort peu de temps, assez cependant pour lui faire tenir ce propos quand cette charge lui fut retirée : « Ils ont tort; j'ai fait mes affaires, j'allais commencer à faire les leurs! » La disgrâce de M. de Longueil fut de courte durée, car, en sa faveur, la seigneurie de Maisons fut érigée en marquisat par lettres patentes d'avril 1658.

C'est en 1661 que Louis XIV exprima à ses ministres son désir et sa volonté de gouverner. C'est également à partir de cette année que le château de Maisons bénéficie des secrètes intentions royales. En effet, au mois de juillet 1661, à Fontainebleau, on avait représenté le ballet des Saisons. Le roi y avait même rempli un rôle. Et dans les coryphées, parmi les dernières, il y avait une jeune fille que Louis XIV avait enlevée à son prie-Dieu et pour qui, à la prière royale, on avait écrit ce quatrain de poésie officielle :

Cette beauté depuis pensée,
Ce teint et ces vives couleurs,
C'est le printemps avec les fleurs
Qui promet une bonne année.

Louis XIV connaissait la fastueuse hospitalité du marquis de Maisons. Il vint chez lui accompagné de toute la Cour. Alors ce ne fut pas seulement le bois de Vincennes, mais aussi les hautes futaies de Maisons qui virent errer, pensif, le doux et mélancolique fantôme de celle qui devait mourir sœur Louise de la Miséricorde, de Mlle de La Vallière.

En 1671, Louis XIV, qui était allé visiter les fortifications de Charleroi, fut prévenu que son fils le duc d'Anjou était dangereusement malade. Il revint en toute hâte. Toutefois, ne voulant pas rester à Saint-Germain, il chargea M. de Lauzun de se rendre à Maisons et de s'assurer si le château pouvait le recevoir avec toute sa suite. Le soir même, le roi s'installait chez M. de Longueil où, le lendemain, on venait lui apprendre la mort du Dauphin.

Par la suite, Louis XIV fit de fréquents séjours au château de Maisons, et, comme il était alors de fort bon ton, lorsque la Cour était à Marly, d'aller à Maisons, on peut affirmer que toute la noblesse qui entourait le Roi Soleil a séjourné plus ou moins longtemps chez M. de Longueil.

Louis XV continua les traditions de son prédécesseur; il vint souvent à Maisons, accompagné de Mme Dubarry, occuper les appartements dits du Roi et de la Reine. Toutefois les hôtes de la demeure des Longueil changeaient de caractère. Bientôt au bruit des carrosses succéda un calme de Thébaïde. Aux seigneurs sollicités par les plaisirs, les frivolités, succédèrent des hommes d'étude, des esprits sérieux. Les uns, en des laboratoires de chimie, se livrèrent à des expériences pratiques, à des recherches scientifiques ; les autres, des littérateurs, des philosophes, préoccupés des problèmes sociaux, jetèrent à profusion des idées qui éclatèrent comme un coup de foudre, bouleversant l'humanité !... Comme président à mortier, le jeune marquis de Longueil avait plusieurs fois réussi à détourner certaines lettres de cachet destinées à Voltaire. Le futur auteur de la *Henriade* avait déjà fait connaissance avec la Bastille et la nature de sa philosophie l'exposait à y retourner souvent. Il y avait été enfermé fort innocemment et le Régent prévenu l'avait fait mettre en liberté, lui accordant même indemnité. *Monseigneur*, lui dit Voltaire, *je remercie votre Altesse Royale de vouloir bien continuer à se charger de ma nourriture, mais je la prie de ne plus se charger de mon logement.*

Le dernier des Longueil et Voltaire devaient se rencontrer. Il en résulta les relations intimes. Voltaire eut bientôt sa chambre au château de Mansard. C'est là qu'il composa son poème la *Henriade* et on raconte que, lorsqu'il le lut, la critique se montra si sévère que Voltaire jeta son manuscrit dans le foyer. Le feu allait consumer l'œuvre quand, résolument, le président Hénaut se précipita, et l'œuvre fut sauvée.

Le 4 novembre 1723, Voltaire fut atteint de la petite vérole et dans une lettre adressée au baron de Breteuil, lettre que l'on peut trouver dans les œuvres de Voltaire, il avoue s'être confessé au curé de Maisons et s'être préparé à bien mourir. Quinze jours après Voltaire était hors de danger. Il quittait Maisons, mais était à peine à deux cents mètres du château que le feu éclatait dans la chambre occupée par lui et que l'incendie, s'étendant à d'autres appartements, a consumé de très précieux objets d'art.

Sous Louis XVI, le château appartenant au comte d'Artois reçut à nouveau la famille royale. Mais autour de ce roi malheureux, qui fut bon, vertueux et faible, des haines se développèrent. Ses vertus le firent détester d'un entourage dont il ne flattait point les passions, dont il réprouvait la légèreté et l'immoralité. Les plaisirs qu'il se donnait à lui-même étaient dignes de lui, de son caractère, mais il laissait les autres, par faiblesse, compromettre sa royauté et le conduire au malheur. On raconte que, dans le cours d'une chasse à Saint-Germain, on vint le prévenir, alors qu'il se dirigeait vers Maisons, de l'état d'effervescence du peuple parisien. Le Roi, s'adressant aux personnes qui l'entouraient, leur dit : *Messieurs, la chasse est finie !...* Ce n'était point seulement la chasse, mais encore la royauté ! En effet, peu de jours après la Révolution éclatait !

Pendant la possession du maréchal Lannes, un poète

nommé Guillard fut aussi l'hôte du château. Ceux qui reçoivent alors l'hospitalité du duc de Montebello ne sont plus de ces seigneurs efféminés, pomponnés, musqués, dont l'épée ressemble à une aiguille à tricoter. Ce sont des hommes bâtis à chaux et à sable, des soldats casqués, bottés éperonnés; ce sont des géants sortis du peuple, ce sont des héros. Ils avaient des noms appartenant à la roture, mais, le sabre aux dents et les pistolets au poing, ils sont tous allés derrière l' « Empereur » ramasser des titres de noblesse sur les champs de bataille d'Italie, d'Autriche, d'Allemagne, de Russie, de cette vieille Europe pétrifiée de peur... En 1809, le maréchal Lannes est tué à Essling. Sa veuve continue à demeurer à Maisons. Napoléon aime à venir s'y reposer après une chasse. Mais pour parvenir au château il fallait traverser la Seine en bac. Un jour, impatient, il s'élança. Napoléon qui avait mal calculé son élan tomba dans l'eau. Un jardinier, qui travaillait non loin de là, se précipita au secours de l'empereur, sans savoir à qui il avait affaire. Baruet, ce jardinier, ne le sut que le lendemain, lorsqu'on lui apporta, de la part de Napoléon, un certificat, daté du 15 mai 1811, relatant le fait et une généreuse gratification avec laquelle il se fit construire une maison située au *n° 10, de la rue du Mesnil.*

Jacques Laffitte, qui était le chef de l'opposition libérale, reçut chez lui tous les adversaires de la Restauration. *Arago, Mérilhon, Benjamin Constant, Manuel, Foy, La Fayette* et enfin *Thiers*, qui devint président de la République, tinrent des conciliabules à Maisons.

Le Parc

Nous avons dit que la Révolution de 1830 avait porté un coup funeste à la fortune de Jacques Laffitte.

En effet, c'est alors qu'il décida le morcellement du parc. Bientôt, on vit, sur des portions de terrain de 1000 mètres superficiels, s'élever de petites constructions, des villas qui devinrent la demeure des gens de la Bourse et du Théâtre. Dès lors, le parc fut habité et, grâce aux relations du célèbre banquier, il devint le rendez-vous de l'élite de la société parisienne. Les avenues, qui portaient des dénominations datant de Louis XIV ou de Napoléon, reçurent des noms de contemporains. Parmi ces noms, il en est trois de nature à intriguer les promeneurs. Ce sont ceux des avenues : *Églé, Albine, Marine.* Disons donc, tout de suite, que ce sont là les prénoms de mademoiselle Laffitte, mariée plus tard au prince de la Moskowa.

C'est en 1847 que Maisons-sur-Seine devint Maisons-Laffitte. Depuis la création de la colonie jusqu'à ces dernières années, le parc fut en très grande faveur. Les auteurs à la mode, les magistrats, les financiers, les littérateurs, toutes les personnalités en vue, venaient demander aux ombrages séculaires du parc le repos qui leur était nécessaire. Cette faveur s'explique d'autant mieux que les trains allant à Paris ou venant de Paris sont tous à des heures commodes. Une autre preuve de la prospérité du parc, du développement de sa population, c'est que la vieille église, l'ancienne chapelle du monastère, devint bientôt trop petite et que l'on dut en construire une autre sur un terrain devenu vague par la désaffectation de l'ancien cimetière situé au coin de la *rue du Fossé,* ainsi dénommée parce qu'il y existait un fossé large et profond. Cette église a été construite sur les plans de l'architecte Millet, sauf le bâtiment de gauche, affecté à la sacristie, qui a eu pour architecte M. Granet. En passant, disons, que M. Grommé, propriétaire actuel du château, a chargé M. Granet de veiller à la conservation de l'œuvre de Mansard..... Terminée en 1872, cette église mérite, comme la vieille église, d'être visitée.

A notre époque, le parc n'est pas absolument délaissé des personnalités. D'ailleurs, dans l'énumération suivante on remarquera les noms de célébrités actuelles :

Le prince Poniatowski, le général Chatry de la Fosse, l'amiral Bouet de Villaumez, le comte de Clermont Tonnerre, M. Massicault, mort résident général à Tunis, habitait la Villa des Bois, place Wagram ; Paul de Cassagnac. C'est chez M. Laguerre, alors député, qu'eut lieu le duel Mermeix-Dumonteil ; le comte Vassard d'Hozier ; Jules Claretie, Amédée Achard ; Adolphe Belot ; Jules Noriac, Lablache. Sivori, le célèbre violoniste, venait souvent chez son ami Léonard, violoniste également, et tous deux organisaient, avec le concours de Mme Salla, des messes en musique très fréquentées. Abel Bonjour, Rosine Bloch, Dica-Petit, Pauline Viardot, l'écuyère Angèle, Olympe Audouard, habitèrent le parc. Benédict Masson, Charles Marchal, des Essarts, Vereschagine, Lambert, Richefeu, Benouville, Léopold Bernstamn, représentaient à Maisons la peinture et la sculpture. Si caché que fût l'endroit où ils se retirèrent, on n'en sut pas moins que Cora Pearl et le prince Jérôme habitèrent ensemble le parc.

Le demi-monde fut également représenté par Alexandra Martens, qui recevait chez elle ses rivales en beauté Marthe Soucar et Angèle Delrose, Marie Stevens et Olga Nadiaska. A tous ces noms, nous ajouterons celui de Pierre Giffard, le *Jean sans Terre* du *Petit Journal*, notre très sympathique confrère habite *La Grotte* et sa demeure renferme des vestiges de l'ancienne propriété seigneuriale des marquis de Maisons. Maxime Boucheron, auteur de comédies à succès ; Léon Jogand qui se fit une triste célébrité en signant *Léo Taxil* ; Emile Blavet, du *Figaro*, Kugelmann, l'imprimeur bien connu des journalistes ; Albert Brasseur, qui tout récemment se faisait applaudir aux *Variétés* dans *Chilpéric* ; Albert Renaud, le compositeur de *Roknedin*, et auquel Sardou confia le soin d'écrire la musique de *Don Quichotte* ; Mademoiselle Marsy, la sympathique pensionnaire de la *Comédie Française*, puis Max Lebaudy dont la présence est un bienfait pour la commune de Maisons.

Enfin si nous citons en dernier le nom M. Lecomte, l'agent de change, c'est que nous nous trouvons en présence d'un autre bienfaiteur de Maisons ; en effet, M. Lecomte s'est toujours efforcé de faire un très noble emploi de sa fortune, recherchant sans cesse le moyen d'être utile à ses concitoyens ; entr'autres dons, nous signalerons la fontaine qui est à l'angle de *l'avenue Longueil* et de la *rue de Paris* et dont l'inscription commence par :

SALVE, SISTE, BIBE, VALE

Place Napoléon

Les promeneurs seront peut-être heureux d'apprendre que la statue de Napoléon qui orne cette place est la maquette de celle qui devait terminer la colonne Vendôme lorsque l'érection de celle-ci fut décidée. L'empereur fit cadeau de cette maquette au duc de Montebello qui la fit peindre couleur de bronze et la fit ériger sur un piédestal, place Napoléon, au milieu du *Cercle de la gloire*, ainsi dénommé parce qu'il est le point central d'un certain nombre d'avenues qui, toutes, ont reçu du maréchal Lannes un nom appartenant à l'histoire impériale.

1815-1870-1871

Pendant ces heures troublées, Maisons fut particulièrement en butte aux exigences des invasions; en 1815, Blucher ayant demandé l'impossible à une population ruinée par 1814, livra la ville au pillage. Malgré la très grande énergie du maire Delahaye et de son adjoint, rien n'arrêta la rapacité des soldats allemands et, d'après les déclarations des habitants, les pertes subies par eux depuis le 20 juin jusqu'au 6 juillet 1815 s'élevèrent à 85,000 francs environ. Le château qui servait de logement aux officiers généraux fut seul préservé.

Nous arrivons à 1870-71 : Faire l'histoire de Maisons pendant cette période, ou entreprendre simplement le récit de ces jours douloureux, c'est mentionner plus d'une défaillance. Nous nous contenterons de dire que Maisons eut, comme en 1815, à supporter un grand nombre de troupes allemandes. Comme tant d'autres villes de France, il lui fallut répondre aux réquisitions des vainqueurs et souvent la ville fut à la veille des pires malheurs; heureusement, un homme de grand cœur, de grande énergie, veillait. Les défaillances s'étaient produites sous des prétextes plus ou moins sérieux et leurs auteurs les cachèrent en les couvrant d'une sorte de légalité, de manière que ce citoyen dévoué, ce patriote sincère se trouva être légalement investi de tous les pouvoirs; grâce à l'énergie de M. Joubert, capitaine de la garde nationale, à son habileté et surtout à son désir de préserver son pays de toutes les exactions des vainqueurs, Maisons-Laffitte fut épargné et bien des contributions de guerre ne furent point exigées de la ville. Déja M. Joubert a reçu des témoignages de gratitude, déjà d'autres lui ont exprimé leur sympathie et leur reconnaissance ; nous, nous sommes heureux de terminer notre monographie par l'expression que nous lui adressons, de notre admiration pour sa vaillante conduite pendant la guerre.

IMP. CH. LÉPICE, 10, RUE DES CÔTES, MAISONS-LAFFITTE.

MAISONS RECOMMANDÉES

Boucherie du Parc. Ancienne maison Havard. — **Léon Delion**, successeur, 20, *avenue Longueil*. — Viande de premier choix; prés-salés, triperie. On passe prendre les commandes tous les jours. (1

Boulangerie Hébert 29, *rue de Paris*. — Farine de seigle; farine de gruau; pain au beurre, pain de gruau, pain viennois, pain de mie pour le thé, pain de seigle, le tout de première qualité. (2

Brasseries de **Maxéville**, du **Croissant**, d'**Esquehéries-Nord.** — **C. Panseron**, entrepositaire, *avenue Desaix*.

MAXÉVILLE : Bière bock, supérieure, 50 francs l'hectolitre. Bière bock, en bouteilles, le panier de quinze, 5 fr. 50.

DU CROISSANT : Bière bock, 40 francs l'hectolitre. Bière bock en bouteilles, le panier de quinze, 5 fr. Bière double, 30 francs l'hectolitre. Bière de table, 20 francs l'hectolitre.

D'ESQUEHÉRIES : Bière du Nord, 30 francs l'hectolitre.

On peut adresser les commandes *avenue Longueil, au kiosque de journaux*. (3

Café de la Station et de la Mairie. **Michel Enginger**, *46, avenue Longueil.* — Salons pour sociétés et banquets ; cabinets de société. (4

Charcuterie de l'Avenue. **J. Jolibois**, 20, *avenue Longueil.* — Jambons d'York et Bayonne ; pâtés de foies gras truffés et volailles truffées. (5

Charpentes bois et fer. Ancienne maison Meunier. **E. Laubeuf**, successeur, entrepreneur, 41, *rue du Fossé.* — **Scierie mécanique.** Sciage à façon ; madriers et bastaings ; bois de menuiserie ; bois de sciage ; parquet, chêne et sapin ; escalier artistique. (6

Chaussures en tous genres p. hommes, dames et enfants. **L. Troivaux**, 32, *avenue Longueil.* Maison fondée en 1871. — Chaussures sur mesure et réparations. (7

Construction de Bateaux. **G. Pitre**, agent de l'*Union des Yachts français.* — Outriggers, canoës, océans, yoles, skiffs, canots de famille, de bossoirs, etc. ; yachts à vapeur et à voile ; bateaux de chasse et de pêche ; plan incliné, slip ; garage à l'eau et à sec ; réparations, entretien ; location de yachts à vapeur, à voile, aviron, etc. ; débarcadère pour yachts calant jusqu'à 3 mètres 75 de tirant d'eau. (8

Couverture, Plomberie, Eau et Gaz. Ancienne maison Carbet. — **Ad. Petit**, successeur, B. S. G. D. G., *Rue de la Muette.* — Couverture ; tuiles, ardoises, plomb, zinc, cuivre, etc. ; filtrage d'eau, plomberie ;

élévation et distribution d'eau, pompes, manèges divers, bains, hydrothérapie, lavabos, chauffage d'eau par circulation et autres systèmes, distribution d'eau chaude, chauffage de serres, etc., etc. Gaz ; canalisation et appareils de tous systèmes. (9

Epicerie, Faïences, Comestibles. **L. Pougnet**, 6, *rue de Paris*. Maison fondée en 1850. Vins et liqueurs ; spécialité de cafés ; beurres, fromages, œufs frais du jour. (10

Fumisterie, Chauffage, Ventilation. **Paul Marelli**, entrepreneur, 28, *rue de Paris*. — Succursale : 28, rue de Paris, à Houilles. (11

Glacier-Pâtissier. Ancienne maison Vaillant. — **J.-B. Chadefaux**, successeur. **Grand restaurant du Parc** (dans le Parc, à gauche) 6, *avenue Eglé*. — Diners de commande pour la ville. (12

Horticulteur et Entrepreneur de Jardins

Edouard Seitz. — Maison de vente, 44, *avenue Longueil* ; plantations, 99, *avenue Saint-Germain*. Décorations de tables, d'appartements et de mariages ; corbeilles de fiançailles ; bouquets de mariage ; grand choix de couronnes mortuaires ; couronnes de sociétés en tous genres ; couronnes de fleurs naturelles ; plantes d'appartements. (13

Hôtel du Soleil d'Or. **Bouchot**, 7, *avenue Longueil*. — **Restaurant.** — Cabinets de société ; déjeuners et dîners à la carte ; noces et festins ; commandes pour la ville ; écuries et box ; voitures à volonté. (14

Institution de Jeunes Gens dirigée par **M. Vigroux**, 16, *rue des Canus*. — Etudes commerciales et industrielles ; préparation aux examens. Maison spécialement recommandée. Envoi franco du prospectus sur demande. (15

Lait garanti naturel. **Ferme de la Garenne,** près Maisons. — **Léthias,** propriétaire. — Livre tous les jours à domicile. Dépôt à Maisons : maison Stimbosch, *rue de Paris*. (16

Location et vente de Propriétés. **Mme Aurélie Dubreuil.** Agence industrielle. Fonds de commerce et terrains ; grand choix de villas et chalets ; pavillons meublés et non meublés ; grand choix d'appartements meublés et non meublés ; maisons avec écurie, remise et box. Renseignements gratuits au kiosque de la gare. (17

Peinture et Papiers peints. **Beudon frères,** successeurs de leur père, entrepreneurs de peinture, 28, *rue du Prieuré*. (18

Pensionnat de Jeunes Filles. **Congrégation de la Sainte Enfance de Jésus**, 3, *rue du Fossé*. — Le programme d'instruction comprend : la préparation aux divers certificats d'études primaires et aux brevets de capacité élémentaire et supérieur. L'installation des classes, dortoirs et infirmerie réalisent les conditions les plus favorables de dimension, d'exposition, de jour et d'air. Une salle de bains et d'hydrothérapie permet de répondre chaque jour aux besoins des enfants. Prix de la pension, année classique : 700 francs. Envoi franco du prospectus sur demande adressée à Madame la Directrice. (19

Pianos **Gaveau et autres.** — **Bessin.** — Magasins : 8, *rue de l'Eglise*, *à* **Houilles**. — Succursale à Mers, près le Tréport. Pianos, vente, location, accord, réparation. (20

Poissons et Coquillages. **V. Pinotier**, successeur de sa mère, 48, *rue de Paris*. — Huîtres de toutes provenances ; poisson de mer et d'eau douce. (21

Serrurerie en Bâtiment. **Emile Paquet**, 28 bis, *rue du Prieuré*. — Charpente en fer ; sonnettes électriques et ordinaires ; grilles, marquises et balcons. (22

Tailleur. **A. Pougnet**, 42, *avenue Longueil*. — Spécialité de culottes de cheval et de course. (23

ANCIENNE MAISON J. LUCOTTE

IMPRIMERIE CH. LÉPICE

Rue des Côtes, 10 — TÉLÉPHONE — Maisons-Laffitte

Cette Maison, une des plus importantes et des mieux outillées de la banlieue parisienne, est spécialement organisée pour les **grands travaux d'éditeurs**, les **journaux**, et les **publications périodiques.** Il nous suffira d'énumérer quelques-uns des travaux qui s'exécutent dans ses ateliers pour se rendre compte de son importance :

Annuaire des Châteaux	**Annuaire des Vétérinaires**	**Le Journal des Travaux Publics**
Annuaire du "Tout-Paris"	**Le Livre des Nouveaux Mariés**	**Les Affiches de la Location**
Annuaire d'Asnières	**La Jeune Mère**	**Dictionnaire de la Noblesse**
Annuaire des Cuirs, Peaux et Chaussures	**Les Annales des Travaux Publics**	**Annuaire de la Noblesse**

Relié avec Paris et sa région par le **Téléphone, L'IMPRIMERIE CH. LÉPICE** offre ainsi aux nombreux clients qui lui confient leurs travaux la même facilité que si la maison était à Paris même, et ils y trouvent des avantages sur les prix qu'ils ne pourraient rencontrer dans la capitale.

LA GAZETTE DE MAISONS-LAFFITTE

Paraissant tous les Dimanches

3e ANNÉE — **10** CENTIMES LE NUMÉRO — 3e ANNÉE

Lettres de Décès, Mariage, Naissance. — Travaux pour le Commerce et les Administrations

Imp. Ch. Lépice, Maisons-Laffitte.